# Eiliad ac Einioes
## Casia Wiliam

Cyhoeddiadau
**barddas**

CYFRES TONFEDD HEDDIW

℗ 2020 Casia Wiliam / Cyhoeddiadau Barddas ©

Argraffiad cyntaf: 2020

ISBN 978-1-91158-437-7

Ymddangosodd rhai o gerddi'r gyfrol hon yn *Barddas* ac ar raglen *Y Talwrn*, BBC Radio Cymru. Comisiynwyd y cerddi 'Darlun bach, darlun mawr' (t. 52) a 'Ti' (t. 54) yn ystod cyfnod Casia fel Bardd Plant Cymru (2017–19). Caiff cynllun Bardd Plant Cymru ei redeg gan Llenyddiaeth Cymru gyda chefnogaeth Llywodraeth Cymru, S4C, Cyngor Llyfrau Cymru ac Urdd Gobaith Cymru.

**BARDD
PLANT
CYMRU**

Cyhoeddwyd gyda chymorth ariannol Cyngor Llyfrau Cymru. Cyhoeddwyd gan Gyhoeddiadau Barddas.

Argraffwyd gan Y Lolfa, Tal-y-bont.

I Math, Efa a Sabel.

Diolch am eich cwmni a'ch cyfeillgarwch.
Dwi'n lwcus ohonoch chi.

# Cynnwys

# Eiliad ac Einioes Casia Wiliam

## Cyflwyniad

Er 'mod i'n barddoni ers blynyddoedd maith, mae wedi cymryd cryn dipyn o amser i mi deimlo'n ddigon hyderus i rannu rhai o'm cerddi yn gyhoeddus, fel hyn, ar ddu a gwyn.

Ond bellach dwi'n teimlo'n lled barod i anfon y rhain allan i'r byd ac mae'r diolch am hynny yn bennaf i fy nghyd-feirdd yn nhîm y Ffoaduriaid ar gyfres radio BBC Cymru, *Y Talwrn* – Gwennan Evans, Llŷr Gwyn Lewis a Gruffudd Owen. Mae arna i sawl peint i chi, bois.

Cyfuniad o'r pell ac agos sydd gen i; cerddi personol iawn am bobl, digwyddiadau a lleoedd sy'n bwysig i mi, a cherddi sy'n edrych allan ar y byd a'r hyn sydd yn ei siapio heddiw, megis argyfwng y ffoaduriaid a thrychinebau naturiol. Mae yma hefyd ambell gerdd gomisiwn o'm cyfnod fel Bardd Plant Cymru, un yn nodi can mlynedd ers sefydlu elusen Achub y Plant, ac un arall yn dathlu 70 mlynedd ers sefydlu ein Gwasanaeth Iechyd Gwladol.

Gobeithio y cewch flas ar ambell un ohonynt.

# Eiliad ac Einioes Casia Wiliam

**Eiliad ac einioes**

Mae'r pulpud a'r fferyllfa fechan
ar bwys y gwely yn adrodd stori,
ond mae cannwyll y llygad
yn adrodd un arall.
Stori am nyrsio ward brysur,
am ffrogiau smart min nos yn nociau Lerpwl,
am Gymro annisgwyl â winc yn ei wên,
am fagu plant,
am fynd yn hen,

heb sylwi.

## Pan ddaeth David Bowie am de bach

Ro'n i wedi gwneud sgons.
Roedd o'n edrach fel boi fasa'n rhoi'r jam gynta.

Estyn y tebot gora, gosod lliain bwrdd.

Dyma roi ambell i *mini roll* ar blât,
wedyn ailfeddwl.
Brechdana samon, a chaws,
rhag ofn.

Chwarae efo'r syniad o frechdan Marmite.
*EDGY.*
Ond na, samon tun aeth â hi.
Mi fasa Anti Nellie yn cymeradwyo.

Ac yna aros, tan fy mod i'n gweld
llygaid brown a llygaid glas ben arall y bwrdd.

Mae'r gwpan de yn ei law fel efengyl mewn *mosh pit*.
Mae ei geg o'n symud, a dwi'n siŵr ei fod o'n dweud storis.
Ydio'n gofyn am y *mini rolls*?

Cyn i mi fedru ei holi am ei fam a'i dad ac ati,
            mae'n amser iddo fynd,
a dwi'n mwmial 'hwyl fawr' blêr, brysiog.

Hen ffedog o ffarwél.

Ond sut mae dweud 'ta-ta' wrth David Bowie?

'Fwytais i 'run frechdan samon ar ôl hynny.

## Angor

*i Mam, ar ei diwrnod ola fel Rheolwr Amgueddfa Forwrol Nefyn*

Ar ôl cerdded ar y tir mawr cyhyd
daeth awel gynnes o draeth Nefyn un dydd,
i'th hudo i fyd y glannau.

Gwelaist gyfle,
gwelaist long mewn adfail,
gwelaist fordaith.
A chyn pen dim
gwelaist yn y drych
wên y Capten.

Nid taith i un mohoni.
Dyma fwrw iddi i 'sgota dy griw,
gan groesawu pob un
a welai'r un gorwel â thi.
Bu siantis a straeon,
chwerthin iach a chwarae mig.
Bu cyfle i drochi hen, hen hanes
gan roi ail wynt i sgerbwd y dre.
Ac wrth i'r llong hwylio,
'welodd neb,
ond taflaist rwyd dros yr ardal
a thynnu pawb yn nes.

A nawr bod y fordaith hon ar ben
a'th draed ar dir sych eto,
cei dynnu dy gap yn falch
wrth wylio'r llong yn morio mynd.

Mae llanw yfory yn llawn posibiliadau;
y gwynt yn dy hwyliau
a'r heli lond dy wallt.

## Y Daith

*i Fflur a Guto, 29.06.2019*

Mi wn ers y tro cyntaf i ni drefnu mynd am dro,
gwisgo'n 'sgidie cerdded a chrwydro hyd y fro.
Hyd strydoedd Aberystwyth, wrth hel atgofion lu,
ym mhlymio chwim y drudwy, wrth far yr Hen Lew Du.
Yng nghoctel ein prifddinas, ei sŵn a'i thwrw mawr,
eiliadau aur y machlud, a'r t'wyllwch cyn y wawr.
Mi wn, fel y gwn fy enw, wrth gerdded law yn llaw,
mae'n wir dan haul yr Eidal, mae'n wir mewn storm o law.
Mi wn ers y tro cyntaf i ni drefnu mynd am dro,
gwisgo'n 'sgidie cerdded a chrwydro hyd y fro.
Fe wyddwn 'reiliad honno, dan las y wybren faith:
dy gusan di yw'r dyddiau, dy gwmni di yw'r daith.

## I Nain Fron Olau

Mae rhoi dillad ar y lein yn pupro
holl atgofion tŷ Nain, haf a gaea.
Ella mai'r co' sy'n chwarae tricia.
Ond pan oedd y llwyth ola yn y peiriant
daeth dementia a'i lanast i roi
stremps styfnig dros y cwbl.
Er bod bob dim dal yna,
roedd hi'n amhosib gweld be oedd be;
pob patrwm yn poetsio'i gilydd
a'r lliwiau wedi llifo'n flêr.

Yna, daeth mis Awst.
Ochneidiodd yr haul a hunodd Nain.
Daeth yr injan i stop.

A rŵan, rhywsut, mae'r dillada i gyd
jest fel maen nhw fod.
Ffrog yn adrodd hanes pen-blwydd, picnic a the bach.
Ffedog â'i stori'n llawn sosijis a chegin gynnes.
Blows, yn gwmni ac yn gapel i gyd,
a choban efo ogla straeon nos da
yn dal i swatio ynddi.

Heddiw, mi a' i i roi'r dillad allan i chi, Nain.
A wedyn mi 'stedda i am dipyn
i'w gwylio nhw yn chwifio yn y gwynt.

## Cip sydyn

Yn dyner, dawel, daw i'r sgrin
dy lun, mewn du a gwyn.
A gwelaf, mewn hanner curiad,
adenydd glöyn byw:
dy lygaid a dy gysgod,
dy straeon a dy chwerthin,
dy enw a dy hoff si-hei-lw.
Fel petai rhywun
wedi gosod y cyfan
yn barsel annisgwyl
ar riniog fy myd.
Cyn i eiriau'r nyrs ddisgyn
yn araf amdanaf fel plu,
a 'ngwneud i'n slwj o eira oer.
Does dim parsel na glöyn byw.
Mae'r llun yn deilchion.

## Dileu

Welsoch chi fi'n diflannu?

Rhywle rhwng y *contraction* olaf a'r geni
cefais fy nileu.

Fel anifail, pobl eraill sy'n fy niffinio nawr.
Mam. Miss Wiliam ... Miss? Aeliau yn codi.
*Come and join us, Mummy!*

Fesul clwt budur, fesul ffid,
rwy'n clywed bys yn gwasgu ...
Dileu! Dileu!

Pan fydda i'n estyn bron yn lle beiro,
yn gwthio coetsh yn lle reidio beic,
yn trafod Calpol yn lle straeon nos Sadwrn.

Ond flwyddyn gron yn ddiweddarach,
dyma fi'n edrych ar
y person bach yma
a ddaeth mor ddisymwth
i'm dileu fel fflach,
ac rwy'n gweld fy hun mor glir â haul ar bared.

## 'Tisio chwarae efo fi, Mam?'

Dwi wir, wir, wir angen cawod,
a wnaiff y swper ddim coginio ei hun,
ond wrth edrych ar dy lygaid bach gleision
mi wn y byddi, fory, yn hŷn.

Felly yndw, mi ydw i isio chwarae,
pasia'r trên, neu dractor neu floc,
tyrd i chwarae am awren fach arall
i 'rafu hen fysedd y cloc.

## Dydd Gwener, Rhagfyr 13eg, 2019

*y bore wedi'r etholiad cyffredinol*

Wyt ti'n teimlo'r babi'n cicio?
Trio dweud rhywbeth mae o.
Nid 'helô, dyma fi, helô',
ond rhywbeth mwy,
rhywbeth tu hwnt i oed a ffiniau,
tu hwnt i liw croen a chroesau;
rhywbeth sydd bron â rhwygo'r groth.
Ben bora, mae'n dechrau lleisio barn
y genhedlaeth nesaf
â grym enfawr, pitw ei goesau.
'Dos,' medda fo, 'dos.
Gwna rywbeth,
gwna be fedri di.
Defnyddia'r hyn sydd gen ti;
agor dy lygaid,
coda dy lais,
cofia dy enw.
Teimla.
Mynna.
Cicia ditha, Mam.'

## Cyfri

Rhai dyddiau dwi'n cyfri'r oriau
nes daw'n amser dweud 'nos da'
i gael eiliad bach o lonydd
er dy fod ti'n hogyn da.

A rhai dyddiau pan fyddi di'n lapio
dy freichiau amdanaf yn dynn,
dwi'm isio yr un 'nos da' arall,
dwi isio aros, yn oes oesoedd, fel hyn.

**Aros**

Fel y lleuad neu'r môr dwi'n dy deimlo
yn ein gwthio yn bellach i ffwrdd,
a thro arall, yn gwbl annisgwyl,
rwyt ti'n wincio ben arall y bwrdd.

Ni wn be sydd yn dy dynnu,
os 'di o rwbath i'w wneud efo fi;
mi arhosa i yma'n fy nghadair
yn aros am winc fach gen ti.

## Amheuaeth

Ydi o'n cronni fel cancr?
Yn tyfu'n araf, fesul awr,
yn gwthio ei wreiddiau i mewn i
esgyrn
a chnawd,

yn chwyddo'n diwmor
sy'n bwydo ar bob ffrae?

Yn ddwrn hegar a ddaw o nunlla
sy'n gwneud i mi golli 'ngwynt
nes plygu yn fy hanner
fel papur?

Ydi'r celloedd yn dyblu
bob tro y bydda i'n
brathu 'nhafod,
neu'n dweud 'i'r diawl'
ac yn slingio rheg?

Fydd o'n ymddangos un diwrnod
heb rybudd
yn flodyn o waed
ar borslen?

Yn betalau marwol.
Yn brognosis.

As os felly,
erbyn hynny,
beth fydd yna ar ôl i'w ddweud?

## Datod

Dwi'n un ddrwg am weld y cwlwm
a cheisio ei ddatod i ti,
a'r tro hwn mae'n bosib na sylwais
mai'r un wedi'i chlymu oedd fi.

Ond â brathiad y rhaff am fy ngarddwn
yn tynnu yn dynn rhyngthom ni,
y tro hwn mae'n bosib na sylwaist
mai'r unig un all ei ddatod yw ti.

## Brwnt

Dyma ni eto
yn mynd ati i dynnu gwaed,
yn weindio braich yn ôl yn araf
cyn taflu dwrn ar draws dyddiau ein gilydd,
yn dangos ein dannedd
wrth grafu wyneb
a hel croen dan ewinedd.

Sgrap, sgrap a slap annisgwyl
am bod popeth yn ormod,
am bod modd rhoi min ar dafod,
am bod rhywbeth yn bod.

Ac eto, pan ddaw'r gwffas atom ni
yn ddirybudd,
nes ein bod yn drybowndio
curiad calon yn ein clustiau
a gwefus wedi chwyddo'n dew,
troi at ein gilydd wnawn ni,
llaw wan yn estyn allan yn waed i gyd
yn chwilio am gysur.

## Cofio

Dwi'n anghofio pa ochr mae'r twll petrol,
dwi'n anghofio pa un 'di pa fin,
dwi'n anghofio lle dwi 'di rhoi'r tocynnau,
dwi 'di anghofio am y cyngerdd cyn hyn.

Dwi'n anghofio penblwyddi plant ffrindiau,
dwi'n anghofio rhoi dillad ar lein,
dwi'n anghofio lle oedd steddfod y llynedd,
dwi'n anghofio talu y ffein.

Dwi'n anghofio bwydo'r pysgodyn,
dwi'n anghofio pasio neges ymlaen,
dwi'n anghofio am alergedd i glwten,
dwi'n anghofio lle buon ni'n Sbaen.

Ond dwi'n cofio dy wên ar ein gwyliau,
dwi'n cofio dy chwerthin mawr blêr,
dwi'n cofio lliw'r jam ar dy wefus
a dwi'n cofio dy lais dan y sêr.

A mi wn, tasa'n rhaid i mi ddewis,
y dewiswn fod fel 'ma bob tro,
achos gwn, wrth 'mi adael y byd 'ma,
mai ti fydd yn llenwi fy ngho'.

## Llonydd

Ar goll yn y ffrae sy'n mynnu
chwarae tic yn fy mhen,
mae'n cymryd amser i mi dy glywed.
Rwyt ti'n dangos ffawydden i mi,
ei mes, ei dail main,
dy lais yn dawel
fel yr egwyl rhwng penillion emyn.
Yna'r ysgaw, ei flodau plu eira
a'r coed cyll. Yli, meddat ti,
cynffonnau ŵyn bach, gan osod un
ar gledr styfnig fy llaw.
Cerddwn, gan adael i'r dydd
ddiosg ei hun oddi arnom fesul awr,
a rhywbryd ar hyd y llwybr llonydd,
doi â fi eto yn ôl at fy nghoed.

## Ymatal

Gad i ni eistedd yn dawel,
gad i'r diwrnod ddweud ei ddweud.
Gad i mi edrych arnat,
paid meddwl am eiriau, paid gwneud
yr hyn sydd yn awr yn ail natur,
paid llenwi'r eiliadau i gyd.
Gad i ni eistedd yn dawel,
cloi'r drws ar holl leisiau y byd.

Gad i ni deimlo'r munudau
sy'n lapio o'n cwmpas yn fud.
Gad i ni brofi o'r newydd
ehangder y dydd ar ei hyd.
Paid enwi yr hyn sy'n aneglur.
Paid enwi yr hyn sydd yn glir.
Gad i ni eistedd yn dawel
a chanfod, o'r newydd, ein gwir.

## Gwendid

Osgoi ochr chwith y trydydd gris fel grinêd
a dal fy ngwynt ... cyn dal i fynd.
Y teils fel slap heb slipars.
Ymbalfalu yng nghefn y drôr
nes teimlo croeso'r pecyn cyfarwydd.
Mae'r gelynion lond y gegin.
Dwi'n eu synhwyro wrth i mi ddechrau ar y ddefod.
Platiau staen sbag bol.
Dillad ysgol sydd heb weld hetar.
Y llythyr 'na gan Barclays wedi'i guddio dan gerdyn post.
Ydyn nhw'n fy synhwyro i?
Agor y papur gwyn, tyn,
a gosod y baco â gofal milwr yn llwytho gwn.
Rowlio a llyfu a'i ddal i fyny yng ngolau'r lleuad.
Fy fflag wen.
Dwi'n eistedd ar y rhiniog
i danio ac ildio,
tan bore fory.

## Cae Pawb

Mae'r cyrraedd yno'n cymryd amser,
y tsiaen yn udo, a'r sŵn newid-gêr-dolur-gwddw
yn rhygnu.

Newid lawr, arafu.
A 'tawn i'n synnu bob tro,
mae Cae Pawb dal yno, tu ôl i'r giatiau oer
a'r clo clap.

Dwi'n gosod y goriad, ac fel gweld
plentyn am y tro cyntaf ers tro
ac ynta wedi tyfu ar ryw frys gwyllt,
mae'r sgwaryn wedi troi'n waedd o wyrdd.
Mae'r ffa a'r mefus mor falch o 'ngweld i.

Fy hun, dwi'n torchi llewys
ac yn trafod y diwrnod
efo 'nwylo.
Newid lawr, arafu.
Gadael i'r mwd fwydo rhwng bodiau
ac i'r pry copyn tryloyw ddod i weld pwy sy'n tarfu.

Ar fy ngliniau, mae'r byd yn nes –
a thra bod bob dim yn tyfu ac yn gwthio
a ffiniau fy mywyd yn chwyddo fel torth boeth
– dwi'n sgwario ar y ddaear,
i gael fy ngwynt ataf.

**Nofio milltir**

Gwell peidio meddwl gormod; jest gwneud.
Dwi'n tynnu'r rwber yn fwgwd amdanaf.
Mae'r don gyntaf yn cau am fy fferau fel ffilm arswyd,
ond buan y dof i ddisgwyl gwich drws y dŵr oer.
Mae'r llif yn dringo a gyda phob modfedd
dwi'n gadael ychydig o'm hun ar y lan.

Mae traeth Tre-saith yn codi llaw
a dwinna'n ffarwelio efo rhywbeth.
Heb ffôn fach na cherdyn banc,
heb boced ddofn yn llawn 'nialwch,
yng nghysgod clogwyn
rydw i'n unrhyw un
neu'n neb.

A'r llawr ymhell, y dŵr sy'n fy nal
â'i afael oer yn gwneud fy nhraed yn ddiarth.
Daw glaw a sbencs y tonnau i'm sbeitio
a dwi'n blino, ond mae'r cyhyrau'n
gwybod eu gwaith. Dwi'n nofio.

Dim ond pan mae pob bodyn yn cyffwrdd tywod tamp,
a lleisiau'r plant yn cario fel papur fferins ar y gwynt;
dim ond 'radeg hynny mae rhywun yn gwerthfawrogi
pellter y siwrna a dyfnder y dŵr.
Mawredd, neu ffolineb y gamp.

**Pupur coch**

Dwi'n ei glywed o'n sgwrsio
a chwerthin efo'r bychan tra'n golchi llestri.
Dweud mae o pam fod pupur coch yn dda i ni.
Mae wedi creu stori sy'n pefrio yn y llygaid teirblwydd.

'Yn ein llenwi â hapusrwydd fel siocled!'
meddai, ag argyhoeddiad ei Gymraeg newydd, hen.

A'm troed ar y gris nesaf
a dillad glân lond fy hafflau
dwi'n aros fel lleidr i wrando;
i stwffio fy llaw mewn i'w byd bach nhw
a thorri sgwaryn melys i mi fy hun.

Wrth i mi ei lyncu, mae'n chwyddo tu mewn i mi
ac yn ail-lenwi eto y ffordd dwi'n ei weld o.

Mae blas melys y pupur coch yn wych ar fy nhafod
wrth i mi gadw'r sanau un nos Fawrth ddi-ddim.

## Mefus

Ti'n plannu sws ar 'y ngwefus i wrth adael y tŷ,
ac ar ôl i ti fynd dwi'n sefyll yno
yn yr aer lle'r oeddet ti

yn meddwl bod honna
a phob sws arall ges i gen ti 'rioed
fel mefusen;

yn felys,
flasus,
ac mewn eiliad,
wedi mynd.

## Swigod

*Disgynnodd dyn ifanc o Swdan i'w farwolaeth yn ystod cyrch*
*mewnfudo yng Nghymru. Roedd o'n gweithio yn glanhau ceir yng*
*Nghasnewydd pan daeth swyddogion mewnfudo yno yn annisgwyl,*
*ac yn ôl pob tebyg, dechrau erlid nifer o'r gweithwyr.*

Estynnodd ei fam y stôl at y sinc.
Cododd ei bwysau cyfarwydd a'i osod yno
fel cwpan ar soser.

Mae'n ofalus i ddechrau;
bysedd pinc yn mwytho sglein y swigod
tan bod un yn byrstio. Pop!

Mae'n syllu ar ei ddwylo,
rhyfeddod ei fod yn gwawrio.

Daw chwerthin ohono fel dŵr o ffynnon
a'i ddwylo wedyn yn adar y to
a hithau'n smalio dwrdio
wrth iddo wlychu'r teils.

Mae'n gwyro i arogli ei wallt wrth i'r byd fynd heibio
ac mae defod dau yn llwytho ei hun
i ffolderi'r co'.

\*

Mae'n gweithio'n gyflym,
ei gyhyrau'n cofio hyd a lled
y ffenestri a'r drysau ac yntau'n
dod i arfer â'i adlewyrchiad.

Ei ddwylo cras a'u creithiau
wedi'u lapio'n dynn am y clwt,
a'i ddyrnau'n ysu i lanhau
ei hanes ei hun.

Mae cwsg mor ddiarth â'r iaith
yn y lle yma, ond yn nefod ei waith,
yn y swigod, mae llesmair tawel.

A daw rhyfeddod ei fod i wawrio eto.

Yn y dŵr du mae'n gweld ei fam,
mae'n gweld y gynnau,
mae'n gweld y cwch bach.
Gwaelod lorri.

Ei stori'n un smonach annisgwyl.

Daw bloedd iddo wagio'r bwced
ond mae lleisiau a stŵr a chymaint mwy
na dŵr budur.

Mae'n rhedeg, y reddf i ddianc yn neidio
allan o ffolderi'r co'.

Ac yn ei eiliad olaf
mae'n gweld dwylo ei fam
a chwpan a soser yn siwrwd ar lawr.

## Coridor

*Ysgrifennais y gerdd hon ar ôl cyfarfod teulu o Syria a arferai guddio yn
y coridor yn y nos pan fyddai'r bomio ar ei waethaf. Nawr, flynyddoedd
yn ddiweddarach a'r teulu wedi setlo ym Mangor, os bydd sŵn yn y nos
mae un o'r plant yn dal i redeg i'r coridor.*

Fel mae rhywun am warchod ei blentyn.
Ar y dechrau yn casáu'r syniad ohono'n effro
          a finnau'n cysgu,
fel petai hynny, rhywsut, yn rhy beryg!

Wedi pwyso a mesur
penderfynwyd mai'r coridor oedd y lle saffa.
Waliau mewnol, trwchus.

A buan iawn roedd hynny'n normal.
Mynd yno fel llygod pan ddôi rhuo'r rhyfel
yn rhy agos at ein drws.

Gall cariad ffynnu mewn coridor.
Dyna ddweud hanesion. Gafael llaw. Adrodd storis.
Rhoi lliw neisiach ar leisiau'r nos.

A dyma ni rŵan mewn cartref benthyg.
Bangor. Sŵn â siâp newydd iddo
yn glynu at ein dannedd fel datys.

Patrwm ein dyddiau yn daclusach,
dillad ar y lein, swper ar y bwrdd,
gwneud gwaith cartref eto;

ac er bod gwên yn goleuo ei wyneb bach
yn amlach y dyddiau hyn,
gefn nos, pan ddaw sgrech tylluan neu glec o gefn car
gwelwn fod y bomiau'n ffrwydro o hyd
yng nghoridor ei gof.

### Seiclon Idai

*Dyma gerdd a ysgrifennais ar ôl bod yn gweithio ar Apêl y Disasters
Emergency Committee yn dilyn Seiclon Idai a sgubodd trwy wledydd
Malawi, Mozambique a Zimbabwe ym Mawrth 2019, gan ladd
miloedd a chreu difrod enbyd.*

Yn ddim ond geiriau i ddechrau.
Idai.
Beira.
Yn ddim ond llythrennau a synau diarth,
fel geiriau gwneud plentyn bach.
Yn ddatganiad du a gwyn, yn bupur o ffeithiau a ffigyrau –
porthiant y peiriant newyddion.

Ond fesul awr daw lluniau. Lliw. Llais.
Mam a'i merch wedi llithro o'i gafael ...

A daeth Idai i olygu corwynt.

Daeth i olygu gwynt cant a deg milltir yr awr,
darnau metal yn hollti cyrff a babis yn diflannu dan fwd.

Daeth Idai i olygu llyn deirgwaith maint Sir Fôn,
a phobl yn syllu i'r pellter yn methu â sôn gair.

Daeth Beira yn bictiwr o gnydau blwyddyn ar chwâl,
dolur rhydd a dagrau.
Pobl mewn coed yn crafangu am yr awyr
a'u dwylo fel y dail yn aros, yn aros.

Mae fy nwylo i'n boeth a'm llygaid yn sych
o flaen y sgrin o fore tan fachlud
yn trio troi'r geiriau yn lluniau i eraill,
dangos y lliw yng nghanol y llanast.

Idai.

Beira.

Dwi'n cerdded adra trwy'r ddinas,
y dydd wedi hen ddod i ben cyn i mi weld smic o'r haul,
ac yn ias y cysgodion, mae fy nwylo fel cerrig
a'm llygaid yn wlyb.

## Daeargryn

Yn yr ystafell aros mae ffenest fach fud yn y gornel uchaf
sy'n llawn sgrechfeydd Nepal.
Yn llwydni aneglur y static, meddyliaf i mi weld bysedd
bychan
yn ceisio dal eu gafael ar rywbeth, rhywun.
Ond mae'r llinyn rhwng ddoe a heddiw
wedi ei dorri'n ddau.
Mae'r llwch yn lliwio popeth; yn duo'r gwaed.

Maen nhw'n ein galw i mewn
a dwi'n gorwedd nes bod byd o fol o'm blaen.
Llysnafedd oer llithrig, a wedyn llun –
mae'r eira'n clirio a'r ffenest yn llenwi
i ddangos bod calon arall yn curo tu mewn i mi.
Mae dagrau'n cosi fy nghlustiau
wrth i'r ddaear grynu.

## Cyhydnos

*i Jarrah Begum, Chwefror 2019*

Heno, ti yw'r haul.
Wrth i ni i gyd drafod yr hyn sydd yn iawn
a'r hyn sydd i fod –
a ddylech aros neu gael dod yn ôl,
rwyt ti yn dy grud,
dy ffawd yn crogi rhwng dydd a nos,
dy fysedd bach
yn dal dim ond awyr.

Heno, ti yw'r haul
a Shamima yw Mam,
dy fyd, dy wybren, dy wanwyn,
ond amdani mae siôl drom
ac yn nodau ei hwiangerdd mae sibrydion
na ellir eu tawelu gan suo gân.

## Cacen

Daw eisin o law dros y ddinas.
Mae'r cotiau Joules a'r sgidiau Clarks yn brysio adra.
Dan olau cwstard y caffi daw waled ledr allan
a chaiff papur crimp ei gyfnewid am bleser ar blât.

Wedi eistedd mae'n pori dros yr adroddiad diweddaraf,
yn cysidro'r ystadegau,
yr anghyfiawnder yn sur yn ei geg
a'r toes yn glynu at ei ddannedd.

Wrth droi am adra dan gysgod ymbarél
mae'n osgoi'r pyllau

a llygaid llwglyd yr ystadegau
sydd fel briwsion hyd y stryd.

## Caffi

Am eiliad, dwi'n diflannu.
Tu ôl i stêm y peiriant coffi,
yn jôcs y postman pan ddaw o i mewn,
yn sŵn y radio a sgwrs y merched drachefn.
Yng nghanol stori'r lliain bwrdd stici,
yng nghlecian y llestri,
yng nghanol hyn oll,
ga i fod yn neb.
Ga i fod yn fi.

## Lle tân

Doedd dim amser da i ddweud,
ond, gan i ti wyro ar dy gwrcwd
a thorri'r newydd
wrth wthio'r fatsien
rhwng y priciau a'r papur,

datgelu'r gwir yn y mwg taro
ac yngan ei henw
wrth i'r fflamau lyfu'r glo,

pan ddaw pawb yma
â'u tanllwyth o gysur,
af allan i'r ardd
gan adael fy nghôt ar y bachyn

i drio oeri'r hyn
sy'n llosgi pob atom
o fy mod.

## Ymwelydd

Mae anadl y dydd yn eistedd ar gefn y ceffylau.
Gydag ysgwyd mwng neu guro carnau
mae arogl melys y gwair
a gwres y cyrff
yn dawnsio'n ddiog ar draws y stabl.
Dacw'r haul yn tywallt ei hun trwy'r pren fel hufen dwbl.
Daw rhywun.
Mewn amrant mae'n plannu ei gyllell mewn cnawd
fel llithro llwy trwy bwdin.
Dannedd yn fflachio,
llygaid gwyn yn lledu
a hufen yr haul yn cochi ymhell cyn y machlud.
Gweryru yn trydanu'r aer
a thymer yr ymwelydd yn sbarcio fesul slaes
nes mai dim ond
un bwystfil sy'n dal i sefyll,
ac yn tuchan.

## Creu

Mae'n eistedd …
y feiro fel cyllell yn ei ddwylo,
y geiriau yn llenwi ei ben, yn llifo
a'r curiad yn cydio ynddo.

Mae'n ysu am droi'r syniadau yn inc du, yn gerddi
yn rhywbeth arall heno
ond mae ei deulu'n cau amdano
a'r stad yn gwrando …

Pob atom o'i fywyd at y foment honno yn mynnu
nad hon yw ei stori o.

Ac fel mae'n meiddio teimlo'r hyder
i ddweud ei ddweud,
i wneud rhywbeth tu hwnt iddo fo'i hun,
i fentro troi ar y cynllun …

mae'r ffôn yn canu,
mae'r stryd yn gwawdio,
mae'r criw yn agos,
mae ei fywyd go iawn yn ei alw o'r nos

ac mae'r syniad
eto'n
gorfod aros.

## Blas styfnig

Tasa bywyd yn bryd o fwyd
mi faswn i dal yn un am sos.

Ychydig o fwstard ar sgwrs, sy'n frechdan blaen;
mymryn o halen ar nos Sadwrn
i dynnu mwy ar y blas.

Sblash o sos coch ar awr yn dy gwmni
i ddod â'r cwbl at ei gilydd,
a *salad cream* dros holl ddyddiau'r haf
i liwio'r cyfan yn felyn cynnes.

Hel meddyliau fel 'ma
wrth fwyta cinio ar fy mhen fy hun,
ond does yr un sos yn ddigon i foddi
chweng ein ffrae.

## Darnau bach, darlun mawr

*Cerdd a ysgrifennais ar gais elusen Achub y Plant i ddathlu can*
*mlynedd ers sefydlu'r elusen gan Eglantyne Jebb yn 1919, y ddynes*
*a fu hefyd yn gyfrifol am ysgrifennu'r Datganiad ar Hawliau'r*
*Plentyn yn 1924 a arweiniodd at greu Confensiwn y Cenhedloedd*
*Unedig ar Hawliau'r Plentyn yn 1989.*

Gan mlynedd yn ôl
gwelodd un fod diffyg yn y darlun.

Gwelodd gam, dagrau mam a boliau gwag.
Gwelodd ddwylo bychain yn aros am law.

Ac yn lle edrych draw
gwelodd ei chyfrifoldeb,
gwelodd ei rhan hi o'r ateb:
a gweithredodd un i ail-lunio'r darlun.

Ac yn eu tro daeth y darnau bach ynghyd;
yn jig-so o ofal tyner syth o'r crud.

Daeth datganiad ac adduned,
daeth lle i chwarae,
daeth awyr agored,
daeth llaeth a maeth
a chariad o bob cyfeiriad.

Hawl i ffynnu
a hawl i fwy na hynny.
Yn raddol, daeth y darlun yn gliriach,
y dagrau yn sychach
a'r boliau yn llawn.

Ond heddiw o hyd
mae'r jig-so yn fregus,
mae'r corneli'n bygwth plygu,
y llun yn pylu
ac ambell i ddarn yn mynnu
mynd ar goll.

Mae'r cwbl yn ein gofal ni yn awr,
pob un darn bach, a'r darlun mawr.

## Ti

*i ddathlu 70 mlynedd ers sefydlu'r Gwasanaeth Iechyd Gwladol, 2018*

Ti yw'r un sy'n dweud 'mae'n iawn',
yn tynnu coes i basio'r pnawn.

Ti yw'r un sy'n sychu'r gwaed,
yn gosod baglau wrth fy nhraed.

Ti yw'r llenni lliwgar, braf
sy'n lliwio oriau hir yr haf.

Ti yw'r tiwb sy'n cario aer
i mi gael sgwrsio gyda'm chwaer.

Ti yw bîp y peiriant mawr
sydd wrth fy ngwely bach bob awr.

Ti yw'r un sy'n canu cân
pan fydda i wedi blino'n lân.

Ti yw'r un sy'n creu cast gwych
ac aros nes bod dagrau'n sych.

Ti yw'r doctor ddaw â gwên
a llygaid doeth a geiriau clên.

Ti yw'r nyrs sy'n nabod Mam,
yn nabod fi, yn gwybod pam.

Ti yw'r un sy'n gwagio'r pot,
yn gwagio'r bin, yn chwerthin lot.

Ti yw'r dwylo meddal, mud,
sy'n dod â chysur cynnes, clyd.

Ti yw'r curiad cyson, iach,
sy'n dawnsio lond fy nghalon fach.

Ti yw'r ffrind sydd fyth ymhell,
yn ffrind am oes pan fydda i'n well.

## Hefyd yn y gyfres:

Gadael Rhywbeth

Ar Ddisberod

Chwilio am Dân

Ni Bia'r Awyr

Storm ar
Wyneb yr Haul

Hel Llus yn y Glaw